westermann

Fit in der Grundschule

10-Minuten-Trainer

Diktate

Klasse 3

AF635326

Fit in der Grundschule
10-Minuten-Trainer

Diktate

Die Autorin:
Elke Stolzenburg ist engagierte Grundschullehrerin und hat über drei Jahrzehnte vielfältige Unterrichtserfahrungen gesammelt. Sie hat drei eigene Kinder, schreibt in ihrer Freizeit gerne Geschichten und hat auch schon einen Roman verfasst.

Druck A[1] / Jahr 2023
Alle Drucke der Serie A sind im Unterricht parallel verwendbar.

Redaktion: Maraike Sörensen-Knoop
Kontakt: lernhilfen@westermanngruppe.de
Illustrationen: Hans-Jürgen Feldhaus, Münster; Thies Schwarz, Hannover
Umschlaggestaltung: Janssen Kahlert Design & Kommunikation GmbH, Hannover
Umschlagfoto: iStockphoto.com, Calgary: Jacek Chabraszewski
Druck und Bindung: Westermann Druck GmbH, Georg-Westermann-Allee 66, 38104 Braunschweig

ISBN 978-3-07-**003004**-7

Vorwort

Liebe Schülerin, lieber Schüler,

du bist in der dritten Klasse und willst im Fach Deutsch richtig fit werden? Dann ist der **10-Minuten-Trainer** genau das Richtige für dich! Mit diesem Arbeitsheft kannst du wichtige Inhalte des Lernbereichs **Rechtschreibung** wiederholen und **Diktate** üben.

Zu jedem Thema gibt es eine **Doppelseite** mit einem kurzen **Text** und **Übungen**, die du in 10 Minuten bearbeiten kannst. Anschaulich erklärte **Tipps** helfen dir dabei.

Danach schreibst du das **Diktat** in ein Heft und korrigierst es selbständig.

Schau dir vor dem Üben das kurze Kapitel **Diktate schreiben – so geht's** auf Seite 56 an – dann bist du perfekt vorbereitet.

Natürlich gibt es in diesem Heft auch einen **Lösungsteil**, mit dessen Hilfe du überprüfen kannst, ob du die Übungsaufgaben richtig bearbeitet hast. Du findest ihn ab Seite 58.

Übrigens: Für jedes geschriebene Diktat darfst du dich mit einem **Erfolgssticker** belohnen. Klebe ihn einfach in das dafür vorgesehene Feld. Nicht richtig geschriebene Namen von Personen zählen nicht als Fehler!

Und damit deine Eltern dich auf deinem Weg durch die dritte Klasse noch besser unterstützen können, haben wir im Internet unter **www.westermann.de/fit-in-der-grundschule** hilfreiche Tipps und praktische Checklisten für sie zusammengestellt.

Viel Erfolg beim Üben mit dem **10-Minuten-Trainer**!

Dein Lernhilfen-Team

Inhaltsverzeichnis

Mit Silben lautgetreu schreiben

Kurzer Selbstlaut

Langer Selbstlaut

Groß- und Kleinschreibung

Ableiten und Verlängern

Wortbausteine

Merkwörter

Mit Silben lautgetreu schreiben

e in den Endsilben

DIKTAT

Die Wespe

Peter und seine Schwester Lisa sind in der Küche.
Auf dem Tisch stehen Nudeln mit Tomaten und Schinken.
Doch beide starren nur auf eine kleine Wespe, die munter herumfliegt.
Peter schreit: „Die Hummel, die Hummel will dich stechen!"
Lisa bleibt ruhig.
Die Wespe landet auf dem Schinken.
„Aber Bienen mögen doch Honig!", ruft Peter.
Lisa seufzt. „Es ist ja auch eine Wespe!"

(64 Wörter)

1 Lies den Text laut.

2 Stolperwörter: Bei manchen Wörtern reicht das Hören nicht. Markiere die schwierigen Stellen.

Honig ▪ bleibt ▪ fliegt ▪ will ▪ ruhig

TIPP 1 In jeder Silbe eines Wortes muss ein **Selbstlaut**, **Umlaut** oder **Doppellaut** sein: a, e, i, o, u – ä, ö, ü – au, ei, eu, äu – und manchmal ein y für ein i.
Beispiele: Nu**de**ln, m**ö**gen, **ei**ne, B**a**b**y**

TIPP 2 Achte auf die letzte Silbe eines Wortes. Da steht oft ein e, das man kaum hört.
Vergiss das e nicht bei -el, -er, -en, -et, -e!
Beispiele: Humm**el**, ab**er**, Schink**en**, land**et**, ein**e**

3 **Silben: Markiere in jeder Silbe einen Selbstlaut, Umlaut oder Doppellaut.**

-er: Pe-ter · Schwes-ter · mun-ter · a-ber

-el(n): Nu-deln · Hum-mel

-en: ste-hen · To-ma-ten · Schin-ken · star-ren · ste-chen · Bie-nen · mö-gen

-et: lan-det

-e: sei-ne · Kü-che · bei-de · ei-ne · klei-ne · Wes-pe

TIPP 3

Bei **-er** am Ende hört man oft -a. Es ist aber fast immer ein **-er**! Beispiele: Schwest**er**, Novemb**er**

4 **Ergänze die zweite Silbe.**

Pe-ter · Schwes-........ · Kü-........ · ste-........ · Nu-........ · Schin-........ · star-........ · mun-........ · Hum-........ · Bie-........

5 **Schreibe das Diktat in dein Heft.**

6 **Kontrolliere: Hast du alle Wörter richtig geschrieben?**
Schreibe falsche Wörter noch einmal richtig unter den Text in deinem Heft.

Prima!
Du hast toll gearbeitet.
Klebe deinen Erfolgssticker auf.

Hier kannst du deinen Erfolgssticker einkleben.

Mit Silben lautgetreu schreiben

Wörter mit Qu/qu, St/st, Sp/sp

DIKTAT

Zauberei

Seit einer Stunde spielt Oskar mit einem Stab aus Holz herum.
„Mein Zauberstab!“, ruft er.
„Quatsch! Das ist unser Quirl. Mama hat gestern Quittenmus damit gemacht“, meint Ole.
„Quirum, quarum, kreuz und quer, Frösche quaken hin und her“, sprudelt es aus Oskar heraus.
Ole staunt: Im Speisezimmer ist auf einmal ein Aquarium mit Kaulquappen. Daneben springen Frösche herum.

(59 Wörter)

1 **Lies den Text laut.**

2 **Stolperwörter: Bei manchen Wörtern reicht das Hören nicht. Markiere die schwierigen Stellen.**

spielt ▪ Oskar ▪ Stab ▪ Quittenmus ▪ Kaulquappen ▪ springen

TIPP 1

St oder **st** schreibst du, wenn du **scht** hörst: **St**ab.
Sp oder **sp** schreibst du, wenn du **schp** hörst: **sp**ielt.

3 **Welche Wörter aus dem Text sind hier durcheinandergeraten? Schreibe auf (Wortanfang unterstrichen).**

baSt	Stab	berZaubast	
taunst		rispneng	
iesplt		zimremSpseei	
undSte		delspurt	

TIPP 2 Als Hochdeutsch gilt, immer dann **scht** oder **schp** zu lesen, wenn **st** oder **sp** am Wortanfang/Silbenanfang stehen: **St**ab, Früh-**st**ück. Aber nicht bei Wur**st**, Fen**s**-**t**er.

TIPP 3 Das Qu hat immer das u dabei und noch einen weiteren Selbstlaut. Du hörst kw, du schreibst **Qu** oder **qu**: **Qu**atsch, **qu**er. Es gibt <u>keine</u> Wörter, die mit kw geschrieben werden!

4 Quirum, quarum, kreuz und quer, eine Lösung, bitte sehr!

A ■ Kaul ■ ~~ken~~ ■ mus ■ pen ■ ~~qua~~ ■ qua ■ quap ■ Quatsch ■ quer ■ Quirl ■ Quit ■ ri ■ ten ■ um

Was tun Frösche? qua-ken ....

Kreuz und ...? ....

Blödsinn: ....

Rührgerät: ....

Wasserbehälter für Fische: ....

Mus aus gelben Früchten: ....

Kinder von Fröschen: ....

5 Schreibe das Diktat in dein Heft.

6 Kontrolliere: Hast du alle Wörter richtig geschrieben?

Schreibe falsche Wörter noch einmal richtig unter den Text in deinem Heft.

Super! Das war richtig klasse. Klebe einen Sticker auf.

Hier kannst du deinen Erfolgssticker einkleben.

Mit Silben lautgetreu schreiben

Kurzer und langer Selbstlaut

DIKTAT

Zaubertöne

Vor einer Hütte saß einmal ein Schäfer, der drei Hüte trug.
Ihm war kalt, deshalb stand die Tür zum Raum mit dem Ofen offen.
Die Arbeit mit den Schafen war kaum zu schaffen.
Sein Hund, der eine nasse Nase hatte, half ihm.
Doch die beste Hilfe war Musik, die er aus verzauberten Schalen schallen ließ.

(56 Wörter)

1 **Lies den Text laut.**

2 **Stolperwörter: Bei manchen Wörtern reicht das Hören nicht. Markiere die schwierigen Stellen.**

saß ■ trug ■ stand ■ verzauberten ■ ließ

TIPP 1 Ist ein **kurzer Sebstlaut** in der ersten Silbe, endet sie auf einem **Mitlaut**, den du hören kannst (**geschlossene Silbe**). Ist der **Selbstlaut lang**, endet die Silbe mit dem **Selbstlaut** (**offene Silbe**). Beispiele: **Hüt** - te (geschlossen), **Hü** - te (offen); Sch**a** - len, sch**al** - len

3 **Lies die Wörter laut. Hörst du den Unterschied?**
Schreibe die Wörter mit getrennten Silben dahinter. Achte auf Groß- und Kleinschreibung!

Hütte / Hüte Hüt-te / Hü-te

offen / Ofen ....

schaffen / Schafen ....

nasse / Nase ....

schallen / Schalen ....

4 **Suche das zusätzliche Wort, das einen doppelten Mitlaut hat.**

....

TIPP 2 Die zweite Silbe kann auch mit einem anderen Mitlaut anfangen. Beispiel: Wol-le und Wol-ke. Die erste Silbe ist gleich.

5 **Schreibe alle zweisilbigen Wörter auf (20 Wörter). Findest du sie?**

einer, ...

....

....

....

TIPP 3 **Achtung, Ausnahmen!**

1. **Vorsilben** und **einsilbige Wörter/Wortstämme**
Beispiele: ge-kom-men (kurzes e); Ton, be-ton-te (langes o)

2. **Dehnungs-h** und **a + r**: Ein ***h*** ist zwar ein Mitlaut, aber am Ende einer Silbe hörst du es nicht. Es dehnt nur den Selbstlaut, genau wie das ***r***, wenn es hinter einem ***a*** steht. Beispiele: Feh-ler, Gar-ten

3. **sch** und **ch** werden nicht verdoppelt. Beispiele:
Tasche – du sprichst Tasch-sche, du schreibst Ta-sche;
machen – du sprichst mach-chen, du schreibst ma-chen.

6 **Schreibe das Diktat in dein Heft.**

7 **Kontrolliere: Hast du alle Wörter richtig geschrieben?**
Schreibe falsche Wörter noch einmal richtig unter den Text im Heft.

Toll gemacht! Belohne dich mit deinem Erfolgssticker!

Hier kannst du deinen Erfolgssticker einkleben.

Mitlautverdopplung

DIKTAT

Im Zoo

Fritzi und Anna machen mit ihrer Klasse einen Ausflug in den Zoo. Zuerst rennen alle zu den Affen. Die sind immer so pfiffig und klettern schneller, als man hinfallen kann!
Doch Anna will unbedingt weiter zu den Giraffen. Mit ihrem langen Hals fressen sie Blätter von den höchsten Bäumen. Ob sie damit auch schwimmen können?

(57 Wörter)

1 **Lies den Text laut.**

2 **Stolperwörter: Markiere die schwierigen Stellen.**

Zoo ■ ihrer ■ Ausflug ■ man ■ unbedingt ■ höchsten

TIPP 1 Bei mehrsilbigen Wörtern kannst du die Verdopplung hören: An-na, Gi-raf-fen.

3 **Welche Silben gehören zusammen? Verbinde gleiche Mitlaute.**

ren-	schwim-	fres-	Af-	klet-	Blät-
-sen	-fen	-nen	-men	-ter	-tern

pfif-	im-	schnel-	al-	Klas-	kön-
-ler	-fig	-mer	-nen	-le	-se

4 Schreibe die Wörter von Übung 3 auf.

a) Wörter mit nn (2): ren-nen, ...

b) Wörter mit ff (2): ....

c) Wörter mit ll (2): ....

d) Wörter mit tt (2): ....

e) Wörter mit mm (2): ....

f) Wörter mit ss (2): ....

Suche weitere Wörter …

g) mit drei Silben und ff: Gi-raf-fen ....

h) mit drei Silben und ll: ....

i) mit einer Silbe und ll: ....

j) mit einer Silbe und nn: ....

TIPP 2 Ein einsilbiges Wort kannst du **ableiten**, also ein verwandtes Wort suchen, um die Verdopplung zu hören: kann – kön-nen, will – wol-len.

TIPP 3 Im Wort **Zoo** ist auch ein doppelter Buchstabe, aber **o** ist selbst ein Selbstlaut. Dadurch wird das **o** lang und nicht kurz!

5 Schreibe das Diktat in dein Heft.

6 Kontrolliere: Hast du alle Wörter richtig geschrieben?

Schreibe falsche Wörter noch einmal richtig unter den Text im Heft.

Super! Das hast du richtig gut gemacht. Klebe den Sticker auf.

Hier kannst du deinen Erfolgssticker einkleben.

Kurzer Selbstlaut

Wörter mit ck und tz

DIKTAT

Witze

Fritzi und Nick erzählen sich Witze:

Ein Bauer packt Mist in seine Schubkarre.
„Was für ein Haufen Schmutz! Wofür ist das?", fragt Anton.
„Damit bedecke ich die Erdbeeren."
„Verrückt! Wir tun immer Zucker darauf."

Nenne fünf Vögel!
Ein Kuckuck und vier Spatzen.

Eine kleine Mücke freut sich:
„Spitze! Alle haben geklatscht, als ich kam."

(55 Wörter)

1 **Lies den Text laut.**

2 **Stolperwörter: Markiere die schwierigen Stellen.**

erzählen ▪ Schubkarre ▪ Erdbeeren ▪ vier ▪ geklatscht

TIPP 1 Statt Doppel-k schreibt man **ck**, statt Doppel-z schreibt man **tz**. Davor steht also immer ein **kurzer Selbstlaut** und niemals ein Mitlaut! Beispiele: Zucker, Witze

3 **Schreibe die Wörter mit ck und tz auf.**

tz (5): Fritzi, ……………………………………

……………………………………

ck (7): Nick, ……………………………………

……………………………………

TIPP 2 Wenn du doch ein Wort mit zz oder kk findest, ist es ein Fremdwort. Die bekanntesten Beispiele sind Pizza und Akku.

4 Beantworte.

Wer erzählt Witze? Fritzi und ……………………

Wie nennt Anton den Mist? ……………………

Was tut Anton auf die Erdbeeren? ……………………

Welche Vögel werden genannt? …………… und ……………

Wer freut sich? ……………………

Wie heißt die Grundform dieser Verben?

packt: packen …………… fragt: ……………

bedecke: …………… geklatscht: ……………

TIPP 3 Für tz und ck (= zz und kk) gelten die gleichen Regeln wie bei doppelten Mitlauten. **Ausnahme!** Beim Trennen bleibt ck zusammen: Du sprichst stec-ken, du schreibst ste-cken.

5 Schreibe das Diktat in dein Heft.

6 Kontrolliere: Hast du alle Wörter richtig geschrieben?

Schreibe falsche Wörter noch einmal richtig unter den Text im Heft.

Prima! Du hast toll gearbeitet.
Klebe den Sticker auf.

Hier kannst du deinen Erfolgssticker einkleben.

Kurzer Selbstlaut

Verdopplung, tz und ck (einsilbig)

DIKTAT

Froschkönig

Gestern wollten Laura und Nick zum Schloss gehen. Doch dann rannte ihr Hund Till davon.
„Das kann doch nicht wahr sein! Till, wo steckst du? Komm her!"
Lautes Gebell schallte durch den Wald. Till hatte den Weg schon gefunden und war beim Brunnen im Schlosshof.
„Auf dem Rand sitzt ja ein Frosch! Soll ich ihm einen Kuss geben?"

(59 Wörter)

1 **Lies den Text laut.**

2 **Stolperwörter: Markiere die schwierigen Stellen.**

Froschkönig ▪ Hund ▪ davon ▪ wahr ▪ Wald ▪ Weg ▪ Rand

TIPP 1 Wenn du ein einsilbiges Wort verlängern oder ableiten kannst, um die Verdopplung zu hören, hat es auch einen doppelten Mitlaut. Beispiele: Schlo**ss** – Schlö**s-s**er, ko**mm** – ko**m-m**en
Das Gleiche gilt für einsilbige Wortstämme: **woll**ten, -woll-, wo**l-l**en • **steck**st, -steck-, ste**c-k**en • Ge**bell**, -bell-, be**l-l**en

3 **Verlängere die Nomen.**

Einzahl	**Mehrzahl**
das Schloss	die
der Kuss	die
der Brunnen (keine Verlängerung)	die
Till / Nick (Namen)	keine Mehrzahl

4 **Leite die Wörter ab.**

Wort	Wortstamm	Grundform
rannte	-rann-	rennen
kann	-kann-	können
steckst	-steck-	
komm	-komm-	
Gebell	-bell-	
schallte	-schall-	
sitzt	-sitz-	
soll	-soll-	
hatte	keine Ableitung nötig	
dann	keine Ableitung	

TIPP 3 Kannst du nicht verlängern oder ableiten, gibt es auch keine Regel. Du musst dir diese Wörter merken.
Mal so: **dann, wenn** (kurzer Selbstlaut und doppelter Mitlaut),
mal so: **ab, bis, weg** (kurzer Selbstlaut und einfacher Mitlaut).

5 **Schreibe das Diktat in dein Heft.**

6 **Kontrolliere: Hast du alle Wörter richtig geschrieben?**
Schreibe falsche Wörter noch einmal richtig unter den Text im Heft.

Prima!
Du hast toll gearbeitet.
Klebe den Sticker auf.

Hier kannst du deinen Erfolgssticker einkleben.

Wörter mit ß

DIKTAT

Die weise weiße Frau

In der Talstraße, am Fuße eines großen Berges, lebte einmal eine alte weise Frau. Immer saß sie vor ihrer Hütte, egal ob es kalt oder heiß war.
„Bestimmt heißt sie die *weiße Frau*, weil sie weiße Haare hat“, meinte die süße kleine Marie.
„Nicht *weiße Frau*, sondern *weise Frau*, weil sie klug ist und jeder, der einen Rat braucht, zu ihr gehen kann.“

(67 Wörter)

1 Lies den Text laut.

2 Stolperwörter: Markiere die schwierigen Stellen.

lebte ▪ bestimmt ▪ klug ▪ Rat

TIPP 1 Das ß klingt schärfer als das s. Sprich deutlich: weiße – weise.

TIPP 2 Am Ende klingt eine normales s auch oft scharf, zum Beispiel Gras. Verlängere: süß – der süße Zucker, Gras – die vielen Gräser.

3 Wie heißt das Gegenteil?

süß ▪ leise ▪ groß ▪ weiß ▪ heiß ▪ ~~weise~~

dumm	– weise	schwarz	– ....
klein	–	sauer	– ....
kalt	–	laut	– ....

4 **Setze die ß-Wörter ein.**

In der ...., am .... eines .... Berges, lebte einmal eine alte weise Frau. Immer .... sie vor ihrer Hütte, egal ob es kalt oder .... war.

„Bestimmt .... sie die .... *Frau*, weil sie .... Haare hat", meinte die .... kleine Marie.

„Nicht .... *Frau* sondern *weise Frau*, weil sie klug ist und jeder, der einen Rat braucht, zu ihr gehen kann."

TIPP 3 Das ß kommt nur nach einem langen Selbstlaut:
Iss Süßes in Maßen, nicht in Ma**ss**en!
In alten Büchern werden auch manche Wörter mit kurzem Selbstlaut (zum Beispiel Schloss oder dass) mit ß geschrieben. **Das ist heute ein Rechtschreibfehler!**

5 **Schreibe das Diktat in dein Heft.**

6 **Kontrolliere: Hast du alle Wörter richtig geschrieben?**
Schreibe falsche Wörter noch einmal richtig unter den Text im Heft.

Super! Du hast prima gearbeitet. Belohne dich mit einem Sticker.

Hier kannst du deinen Erfolgssticker einkleben.

Wörter mit ie

DIKTAT

Riesensalat

Es waren einmal siebenundvierzig Riesen, die liefen auf einer Wiese um die Wette. Leider war diese Wiese nicht riesig, sondern klein und schief. So stolperten sie übereinander und fielen hin. Zuerst der erste, dann der zweite, dann der dritte, dann der vierte Riese und so weiter.
Niemand kam ins Ziel. Was für ein Riesensalat!

(55 Wörter)

1 **Lies den Text laut.**

2 **Stolperwörter: Bei manchen Wörtern reicht das Hören nicht. Markiere die schwierigen Stellen.**

riesig ▪ übereinander ▪ vierte

TIPP

Das **ie** steht für ein **langes i**. Fast immer, wenn du ein langes i hörst, musst du **ie** schreiben.
Es gibt nur wenige **Ausnahmen**. Das sind meistens Wörter, die auf **-ine** enden, zum Beispiel Waschmasch**ine**, Apfels**ine**, Gard**ine**.

3 **Sortiere die ie-Wörter nach Silben (doppelte Wörter musst du nur einmal nennen).**

eine Silbe (4): die, ……………………………………

zwei Silben (9): Rie-sen, ……………………………………

……………………………………

……………………………………

vier Silben (1): ……………………………………

fünf Silben (1): ……………………………………

4 **Reime.**

die – wie – sie – nie

diese – W................ – R................ – m................

lief – r................ – t................ – Br................

riesig – d................

fiel – Z................

hier – v................ – T................ – B................

5 **Schreibe das Diktat in dein Heft.**

6 **Kontrolliere: Hast du alle Wörter richtig geschrieben?**
Schreibe falsche Wörter noch einmal richtig unter den Text im Heft.

Prima, das war gute Arbeit! Das ist einen Erfolgssticker wert.

Hier kannst du deinen Erfolgssticker einkleben.

Dehnungs-h und silbeninitiales h

DIKTAT

Die Mühle

Peter und Lisa fahren mit ihren Eltern zu einer Mühle. Dort sehen sie, wie früher das Mehl gemahlen wurde. Doch Peter will nicht mehr herumgehen und stehen. Er zieht einfach seine Schuhe aus und setzt sich ins Stroh. Mama nimmt einen Stuhl und bemüht sich, ihn aufzumuntern: „Du willst wohl lieber ein Eis mit Sahne?“ „Ja sehr“, strahlt Peter.

(61 Wörter)

1 **Lies den Text laut.**

2 **Stolperwörter: Markiere die schwierigen Stellen.**

will ▪ setzt ▪ nimmt ▪ essen

TIPP 1 Bei einigen Wörtern kannst du das **h** hören, wenn du das Wort verlängerst: geht – ge-**h**en, früh – frü-**h**er. Es steht dann am Beginn der nächsten Silbe.

3 **Verlängere die Wörter so, dass du das h hören kannst. Schreibe auf und markiere das h.**

seht: se-hen .... steht: ....

früh: .... geht: ....

zieht: .... Schuh: ....

bemüht: ....

TIPP 2 Alle Formen von ihr und ihm werden mit **ih** geschrieben: **ih**r, **ih**re, **ih**res, **ih**ren, **ih**rem, **ih**n, **ih**m, **ih**nen. Sonst kommt ein **ih** nie vor!

4 **Diese Wörter musst du dir merken. Schreibe sie ab und markiere das h. Tipp 3 und 4 helfen dir!**

fahren ▪ ihren ▪ Mühle ▪ Mehl ▪ gemahlen ▪ mehr
Stroh ▪ Stuhl ▪ ihn ▪ wohl ▪ Sahne ▪ sehr ▪ strahlt

....

....

....

....

....

TIPP 3 Ein Dehnungs-h kann nur vorkommen, wenn man dahinter ein **l**, **m**, **n** oder **r** hört. Beispiel: Me**hl**
Achtung: Es gibt die W**ah**l und der Wal, sie n**ah**men und der N**a**me. Die Wörter mit Dehnungs-h musst du dir merken!

TIPP 4 Ein Dehnungs-h kommt nicht vor, wenn vor dem langen Selbstlaut **qu/Qu**, **sch/Sch**, **sp/Sp** oder **t/T** steht. Beispiele: **Qu**al, **Sch**al, **Sp**ur, **T**or

Einzige Ausnahme zu Tipp 4: **Schuh**. Wenn du verlängerst, kannst du das **h** hören: **Schuhe**.

5 **Schreibe das Diktat in dein Heft.**

6 **Kontrolliere: Hast du alle Wörter richtig geschrieben?**
Schreibe falsche Wörter noch einmal richtig unter den Text im Heft.

Klasse! Du hast dir einen Roboter-Sticker verdient.

Hier kannst du deinen Erfolgssticker einkleben.

Langer Selbstlaut

Selbstlaut-Verdopplung

DIKTAT

Winter

Über Nacht hat der Schnee die Welt verzaubert.
Der See und das Moor sind zugefroren.
Das Boot am Ufer ist ein weißer Hügel.
Die Natur wirkt wie ein Saal im Palast der Schneekönigin.
Lisas Haare glitzern weiß. Ist sie eine Eisprinzessin?
Doch Lisa friert und freut sich auf einen warmen Tee.

(52 Wörter)

1 **Lies den Text laut.**

2 **Stolperwörter: Markiere die schwierigen Stellen.**

glitzern ▪ weiß ▪ Eisprinzessin

TIPP 1

Ein langer Selbstlaut kann auch durch eine **Verdopplung** angezeigt werden. Dafür gibt es keine Regel! Du musst dir die Wörter merken. Weitere Wörter mit langem doppelten Selbstlaut sind: der **Aa**l, das **Aa**s die B**ee**re, die F**ee**, das Gel**ee**, der Kaff**ee**, l**ee**r – die L**ee**re, das M**ee**r, der Z**oo**.

TIPP 2

Die **Verdopplung** kommt nur bei **a**, **e** und **o** vor.
Ein doppeltes i oder u innerhalb einer Silbe gibt es nicht. Das kann nur bei Wortbausteinen passieren, zum Beispiel Be-tre**u**-**u**ng.

3 **Silben: Schreibe die Wörter mit doppeltem Selbstlaut auf.**

-aa- (2): Saal, ... -oo- (2): ....

-ee- (4): Schnee, ...

....

TIPP 3 Wenn aus dem Selbstlaut ein **Umlaut** wird, verschwindet die **Verdopplung**: Boot → Bötchen, Saal → Säle, Haar → Härchen.

4 Was stimmt nicht? Streiche das falsche Wort durch, schreibe das richtige dahinter.

Über Nacht hat der ~~Zoo~~ die Welt verzaubert. Schnee ....

Der Tee und das Moor sind zugefroren. ....

Das Gelee am Ufer ist ein weißer Hügel. ....

Die Natur wirkt wie ein Meer im Palast der Schneekönigin. ....

Lisas Haare glitzern weiß. Ist sie eine Erdbeere? ....

Doch Lisa friert und freut sich auf einen warmen Aal. ....

5 Schreibe das Diktat in dein Heft.

6 Kontrolliere: Hast du alle Wörter richtig geschrieben?
Schreibe falsche Wörter noch einmal richtig unter den Text im Heft.

Super! Das hast du richtig gut gemacht. Klebe den Sticker auf.

Hier kannst du deinen Erfolgssticker einkleben.

Groß- und Kleinschreibung

Konkrete Nomen und Satzanfänge

DIKTAT

KOFFERPACKEN

„**I**CH PACKE IN MEINEN KOFFER EINEN PULLOVER, EINE WARME JACKE UND ZWEI ROSEN“, SAGT LISA.
PETER MACHT WEITER: „**D**ANN PACKE ICH EINEN PULLOVER, EINE WARME JACKE, ZWEI ROSEN UND EINEN GRÜNEN HASEN EIN.“
„**E**S GIBT KEINE GRÜNEN HASEN!“
„**D**OCH!“ **R**ASCH HOLT PETER SEIN STOFFTIER. **L**ISA MACHT GROßE AUGEN. **I**HR BRUDER HAT DEN HASEN MIT WASSERFARBEN GRÜN ANGEMALT.

(58 Wörter)

Kofferpacken ist der Name eines Spiels und wird groß- und zusammengeschrieben.

1 **Lies den Text laut.**

2 **Stolperwörter: Markiere die schwierigen Stellen.**

Koffer ▪ packe ▪ Pullover ▪ Jacke ▪ dann ▪ Stofftier

TIPP 1 Nomen werden immer großgeschrieben.
Lebewesen (Menschen, Tiere, Pflanzen) sind auf jeden Fall Nomen: Lisa, Hase. Dinge, die du sehen oder anfassen kannst, sind auf jeden Fall Nomen: Koffer, Hose.

3 **Buchstabensalat: Finde die richtigen Wörter.**

Menschen, Tiere und Pflanzen:

saLi	Lisa	aHes	....
soeR	....	tereP	....
redBur	....		

Dinge, die man sehen oder anfassen kann:

eackJ	Jacke	tieStorff	....
reffKo	....	verPollu	....
gAune	....	fraWaressben	....

TIPP 2 Der erste Buchstabe im Satz wird immer großgeschrieben, egal, ob das Wort ein Nomen ist oder nicht:
Ich packe in meinen Koffer ... . **R**asch holt ... . **L**isa macht ... .

4 **Diese Wörter stehen am Satzanfang und beginnen deshalb groß. Wie werden sie normalerweise geschrieben?**

Satzanfang:	Ich	Peter	Dann	Es
normal:	ich	Peter	....	....
Satzanfang:	Doch	Rasch	Lisa	Ihr
normal:	....	....	....	....

5 **Schreibe diesmal den Text ab. Benutze die richtigen Groß- und Kleinbuchstaben.**

6 **Kontrolliere: Hast du alle Wörter richtig geschrieben?**
Schreibe falsche Wörter noch einmal richtig unter den Text im Heft.

Prima! Du hast toll gearbeitet. Klebe den Roboter auf.

Hier kannst du deinen Erfolgssticker einkleben.

Groß- und Kleinschreibung

Abstrakte Nomen

DIKTAT

Noten

„Nächste Woche schreiben wir eine Klassenarbeit“, erzählt Anna voller Freude. „In Mathematik?“ „Nein, in Deutsch. Ich will eine Eins haben.“ „Zwei und Drei sind aber auch gute Noten“, entgegnet ihre Mutter.
Am Abend vor dem Test fragt Anna kleinlaut: „Und wenn es eine Vier wird? Oder noch schlechter?“ „Dann üben wir eben in Zukunft etwas mehr. Du brauchst keine Angst zu haben.“

(63 Wörter)

1 Lies den Text laut.

2 Stolperwörter: Markiere die schwierigen Stellen.

nächste ■ erzählt ■ voller ■ will ■ entgegnet ■ Abend ■ vor ■ mehr

TIPP 1 Manchmal kannst du Nomen nicht so leicht erkennen. Es sind abstrakte Nomen. Dann hilft die Artikelprobe. Kannst du einen **Artikel (der, die, das, ein, eine)** davorsetzen? Wenn ja, ist das Wort ein Nomen: **die** Woche, **die** Freude, **die** Noten.

TIPP 2 Schiebst du ein Adjektiv zwischen Artikel und Nomen, bleibt das Nomen trotzdem das Nomen! Beispiel: **die** guten Noten

3 Trage Nomen aus dem Text ein.

die Woche	der A	der T ....
die F	die N	die A ....
die Mu	die Zw	
die K		

TIPP 3 Namen von Schulfächern und Noten sind abstrakte Nomen: Deutsch, Mathematik, die Eins, die Zwei. Aber: deutsche Wörter, zwei Zweien.

4 **Nenne vier Schulfächer.**

Deutsch, ...

....

TIPP 4 Auch Gefühle sind abstrakte Nomen: **die** Freude, **die** Angst, **die** Liebe.

5 **Welches Wort ist kein Nomen? Streiche in jeder Reihe durch.**

ZUKUNFT – MUTTER – SCHLECHTER – FREUDE – MUSIK

MATHEMATIK – ÜBEN – LIEBE – ABEND – NOTEN

ANGST – KLASSENARBEIT – WOCHE – LUFT – SCHREIBEN

GUTE – TEST – DEUTSCH – (eine) VIER – FERIEN

6 **Schreibe das Diktat in dein Heft.**

7 **Kontrolliere: Hast du alle Wörter richtig geschrieben?**
Schreibe falsche Wörter noch einmal richtig unter den Text im Heft.

Prima! Du hast toll gearbeitet. Klebe den Sticker auf.

Hier kannst du deinen Erfolgssticker einkleben.

Nomen mit -heit, -keit, -ung, -nis und -schaft

DIKTAT

Die Hymne

„So eine Ungerechtigkeit!“, beschwert sich Nick. „Wegen meiner Krankheit war ich nicht in der Schule und wusste bei der Prüfung nicht, was die Mannschaft bei der Fußball-Weltmeisterschaft immer singt: Einigkeit und Recht und Freiheit. Ich dachte, es wäre etwas mit Ewigkeit und echter Freundschaft oder so. Frau Müller hat bei der Benotung keine Begeisterung gezeigt und jetzt mag ich gar nicht ans Zeugnis denken.“

(66 Wörter)

1 Lies den Text laut.

2 Stolperwörter: Markiere die schwierigen Stellen.

Hymne ▪ wusste ▪ Fußball ▪ singt ▪ mag

TIPP 1 Wörter, die mit **-heit**, **-keit**, **-ung**, **-nis** oder **-schaft** enden, sind auf jeden Fall Nomen und werden großgeschrieben.

TIPP 2 Mit **-keit** und **-heit** werden aus **Adjektiven** Nomen gemacht.
Mit **-ung** und **-nis** werden aus **Verben** Nomen gemacht.
Mit **-schaft** wird aus einem **Nomen** ein anderes Nomen gemacht.
Beispiele: ewig → Ewig**keit**, prüfen → Prüf**ung**, Mann → Mann**schaft**

3 **Finde die passenden Nomen.**

Adjektiv	Nomen mit **-keit** und **-heit**
ungerecht	die Ungerechtigkeit
krank	die
einig	die
frei	die
ewig	die

Verb	Nomen mit **-ung** und **-nis**
prüfen	die
benoten	die
(be)zeugen	das
ereignen	das

Nomen	Nomen mit **-schaft**
Mann	die
Freund	die
Weltmeister	die

4 **Schreibe das Diktat in dein Heft.**

5 **Kontrolliere: Hast du alle Wörter richtig geschrieben?**
Schreibe falsche Wörter noch einmal richtig unter den Text im Heft.

Super gemacht!
Als Belohnung klebe
den Sticker auf.

Hier kannst du deinen Erfolgssticker einkleben.

Ableiten und Verlängern

Wörter mit ä und äu

DIKTAT

Geträumt

Laura hat einen seltsamen Traum. Zunächst träumt sie, dass sie auf einem Bauernhof ist. Die Bäuerin kann ihre Gestalt verändern und wird ein Kätzchen. Mäuse und Käfer laufen ängstlich davon. Doch Laura wird ein Bär. So läuft sie in die Ställe. Sie erzählt den Gänsen und Kälbern, dass sie nicht gefährlich ist. Alle feiern ein Fest in dem alten Gemäuer.

(61 Wörter)

1 Lies den Text laut.

2 Stolperwörter: Markiere die schwierigen Stellen.

seltsamen ▪ dass ▪ Gestalt ▪ davon

TIPP 1 Wörter werden mit **äu** geschrieben, wenn es ein **verwandtes Wort** mit au gibt: geträumt – Traum.

TIPP 2 Wörter werden mit **ä** geschrieben, wenn es ein verwandtes Wort mit a gibt: Ställe – Stall. Das Wort Stelle (Ort, Platz) klingt genauso, hat aber nichts mit Stall zu tun, deshalb e.

3 Welche Wörter aus dem Text gehören dazu?

Traum	geträumt, träumt	laufen	....
nach	....	Stall	....
Bauer	....	Zahl	....
anders	....	Gans	....
Katze	....	Kalb	....

Fit in der Grundschule
10-Minuten-Trainer

Mein Stickerbogen

Für jede gelöste Doppelseite in diesem Arbeitsheft darfst du dich mit einem **Erfolgssticker** belohnen.
Suche dir einfach einen Sticker aus und klebe ihn in das dafür vorgesehene Feld am Ende jeder Doppelseite.

Illustrationen: Hans-Jürgen Feldhaus

960.265

Maus .... Gefahr ....

Angst .... Mauer ....

TIPP 3 Zum Wort nach gehören zunächst, demnächst, als Nächstes.

TIPP 4 **Ausnahmen:** Zu Bär und Käfer gibt es kein verwandtes Wort mit a. Es sind Merkwörter.

4 Setze ä oder äu ein.

Nomen: M äu se, K.........fer, G.........nse, K.........lber, B.........r,
K.........tzchen, B.........erin, St.........lle, Gem.........er

Verben: tr.........mt, erz.........hlt, l.........ft, ver.........ndern

Adjektive: ....ngstlich, gef.........hrlich

Ein anderes Wort: zun.........chst

5 Schreibe das Diktat in dein Heft.

6 Kontrolliere: Hast du alle Wörter richtig geschrieben?

Schreibe falsche Wörter noch einmal richtig unter den Text im Heft.

Klasse! Das hast du wieder super gemacht. Klebe den Roboter auf.

Hier kannst du deinen Erfolgssticker einkleben.

Wörter mit Eu/eu

DIKTAT

Spielzeug

Willi freut sich. Heute darf er sich für neun Euro etwas im Spielzeugladen aussuchen. Viele Leute sind dort.
Ein kleiner Junge heult, weil seine Mutter ein neues Feuerwehrauto zu teuer findet.
Willi betrachtet einen Globus. Er findet Europa mit Deutschland und genau gegenüber Neuseeland. Doch dann entscheidet er sich lieber für das freundliche Stoff-Ungeheuer.

(55 Wörter)

1 Lies den Text laut.

2 Stolperwörter: Markiere die schwierigen Stellen.

Spielzeug ▪ viele ▪ betrachtet ▪ entscheidet

TIPP Hörst du Eu/eu im Wort, überlege, ob du wirklich **kein verwandtes Wort** mit **Au/au** kennst. Nur dann wird das Wort mit Eu/eu geschrieben und nicht mit **Äu/äu**: freuen hat nichts mit Frau zu tun, aber Fräulein kommt von Frau.

3 **Finde alle 15 Eu/eu-Wörter aus dem Text (ohne Überschrift) und schreibe sie unten auf.**

D	X	F	W	D	E	U	T	S	C	H	L	A	N	D	F
N	E	U	N	G	X	N	B	C	F	M	Ö	Z	Y	W	R
G	H	Q	L	K	P	G	W	P	V	Q	M	X	F	H	E
S	P	I	E	L	Z	E	U	G	L	A	D	E	N	E	U
K	Ü	G	Z	W	L	H	R	E	U	R	O	P	A	U	N
G	N	E	U	S	E	E	L	A	N	D	X	Z	H	L	D
L	M	E	B	T	Q	U	J	M	N	W	F	R	E	T	L
E	D	V	N	E	U	E	S	H	Q	L	Y	Z	U	K	I
U	B	F	E	U	E	R	W	E	H	R	A	U	T	O	C
T	G	Ö	Q	E	O	P	X	M	F	T	W	Ü	E	X	H
E	I	W	F	R	E	U	T	B	X	Q	E	U	R	O	E

neun, ...

....

....

....

4 **Schreibe das Diktat in dein Heft.**

5 **Kontrolliere: Hast du alle Wörter richtig geschrieben?**
Schreibe falsche Wörter noch einmal richtig unter den Text im Heft.

Hier kannst du deinen Erfolgssticker einkleben.

Auslautverhärtung b, d, g

DIKTAT

Reise zum Mond

Es ist Abend.
Über dem Wald ist der Mond aufgegangen. Groß, rund und gelb leuchtet er kräftig am Himmel.
Fritzi stellt sich vor, wie sie den langen Weg dorthin fliegt und dort lebt. Am liebsten würde sie auf dem Berg Mons Moro einen Tag verbringen. Sie fragt sich, ob es eines Tages solche Reisen gibt.

(58 Wörter)

1 **Lies den Text laut.**

2 **Stolperwörter: Markiere die schwierigen Stellen.**

groß ■ stellt vor ■ dort ■ dorthin ■ verbringen

TIPP 1
Am Ende eines Wortes klingen die Buchstaben **b, d, g** hart wie p, t, k: b → p (gel**b**), d → t (Mon**d**), g → k (We**g**). Um den richtigen Buchstaben zu hören, musst du verlängern: gel**b**e, We**g**e, Mon**d**e.

TIPP 2
Das Gleiche gilt für das Ende einer Silbe oder eines Wortstammes: lie**b**-sten (lie**b**e), fra**g**t (fra**g**en), Mon**d**-rei-se (Mon**d**e).

3 **Bilde die Mehrzahl der Nomen.**

die Reise	– die Reisen	der Himmel	– die ....
der Mond	– die	der Weg	– die ....
der Abend	– die	der Berg	– die ....
der Wald	– die	der Tag	– die ....

TIPP 3 Wenn jemand (er/sie/es) etwas tut, endet das Verb immer mit t: leuchte**t**, stell**t**, flieg**t**, leb**t**, frag**t**, gib**t**. Um den Buchstaben vor dem t zu hören, musst du die Grundform bilden.

4 Bilde die Grundform der Verben.

stellt vor – vorstellen .... fragt – ....

fliegt – .... gibt – ....

lebt – ....

5 Verlängere die Adjektive.

groß – große .... lang – ....

kräftig – .... gelb – ....

rund – .... am liebsten (lieb) – ....

TIPP 4 Es gibt auch Merkwörter, die man nicht verlängern kann: a**b**, o**b**, deshal**b**, un**d**, we**g**, Unfu**g**.

6 Schreibe das Diktat in dein Heft.

7 Kontrolliere: Hast du alle Wörter richtig geschrieben?
Schreibe falsche Wörter noch einmal richtig unter den Text im Heft.

Hier kannst du deinen Erfolgssticker einkleben.

Ableiten und Verlängern

Wörter mit p, t, k

DIKTAT

Der Zaubertrank

Die Zauberschule ist für Oskar eine neue Welt. Seinen spitzen Hut findet er stark.
Jetzt soll er einen Trank brauen, doch er verliert den Mut und gerät in Panik.
„Stopp!“, ruft der Typ neben ihm. „Wenn ich dir einen Rat geben darf: Weniger Sirup, mehr Kalk, damit es nicht mehr so rot ist.“
„Danke für den Tipp.“ Oskars Werk ist nun perfekt.

(64 Wörter)

1 **Lies den Text laut.**

2 **Stolperwörter: Markiere die schwierigen Stellen.**

spitzen ▪ soll ▪ verliert ▪ gerät ▪ muss ▪ mehr

TIPP 1 Manchmal hörst du am Ende eines Wortes einen harten Buchstaben (**p, t, k**) und du musst ihn auch so schreiben. Um das herauszufinden, musst du – genau wie auf Seite 36 und 37 – verlängern: Wel**t** – Wel**t**en.
Erst dann weißt du, ob **p** oder **b**, **t** oder **d**, **k** oder **g** richtig ist.

TIPP 2 Nicht immer klappt bei Nomen das Verlängern mit der Mehrzahl. Manchmal musst du ein verwandtes Verb oder Adjektiv suchen: Ti**pp** – Tipps (hilft nicht weiter) → ti**pp**en
Mu**t** – (keine Mehrzahl) → mu**t**ig

3 Welche Nomen aus dem Text gehören dazu?

Zaubertränke	– der Zaubertrank	Hüte	– der ....
Werke	– das	Typen	– der ....
entkalken	– der	Tränke	– der ....
raten	– der	Sirupe	– der ....
tippen	– der	mutig	– der ....
Paniken	– die		

4 Welche Adjektive passen? Verbinde und schreibe.

Die Welt ist für Oskar	rot.	der ....
Der Hut ist	perfekt.	das ....
Oskar findet den Hut	neu.	die neue Welt
Der Trank ist zu	spitz.	der ....
Am Ende ist das Werk	stark.	der ....

5 Schreibe das Diktat in dein Heft.

6 Kontrolliere: Hast du alle Wörter richtig geschrieben?

Schreibe falsche Wörter noch einmal richtig unter den Text im Heft.

Perfekt! Eine tolle Leistung. Klebe den Roboter-Sticker auf.

Hier kannst du deinen Erfolgssticker einkleben.

Zusammengesetzte Nomen

DIKTAT

Wörterspiel

Lisa, Peter und ihre Eltern spielen. Abwechselnd setzen sie die Wörterkette fort:
Grundschule – Schulkind – Kindergeburtstag – Geburtstagsfeier – Feierabend – Abendsonne – Sonnenblume – Blumenkohl – Kohlmeise – Meisenring – Ringfinger – Fingerhut – Hutgeschäft – Geschäftshaus – Haustür – Türschloss – Schlosshof – Hofhund – Hundekuchen ...
„Igitt!“, ruft Peter. Er denkt an Schokoladenkuchen und Erdbeerkuchen. „Gibt es wirklich Kuchen mit Hunden drin?“

(49 Wörter)

1 **Lies den Text laut.**

2 **Stolperwörter: Markiere die schwierigen Stellen.**

spielen ■ abwechselnd ■ igitt ■ denkt ■ wirklich

3 **Wie würdest du die Wörterkette von Lisa und Peter fortsetzen?**

Hundekuchen – Kuchen...

(zum Beispiel: -rezept, -platte, -stück, -gabel, -bäcker, -form)

4 **Kannst du danach die Wörterkette noch länger machen?**

TIPP 1

Bei zusammengesetzten Nomen wird das zweite Nomen kleingeschrieben, weil der Wortanfang ja mitten im Wort ist:
Grund + Schule → Grundschule

TIPP 2 Manchmal verändert sich das erste Nomen durch **Mehrzahl** oder **Genitiv**. Du musst dann **-e**, **-er**, **-n**, **-en**, **-s** oder **-es** anhängen: Kind**er**geburtstag, Geburtstag**s**feier, Sonne**n**blume, Hund**e**kuchen. Oder du musst etwas weggelassen: Schul(**e**)kind.

5 **In den zusammengesetzten Wörtern sind 25 einzelne Wörter versteckt. Schreibe sie auf.**

Wörter, Spiel, ...

....

....

....

....

....

....

6 **Schreibe das Diktat in dein Heft.**

7 **Kontrolliere: Hast du alle Wörter richtig geschrieben?**
Schreibe falsche Wörter noch einmal richtig unter den Text im Heft.

Prima! Du hast toll gearbeitet. Klebe den Roboter-Sticker auf.

Hier kannst du deinen Erfolgssticker einkleben.

Wortbausteine

Vorsilben vor-, ver- und ent-

DIKTAT

Verkehrte Welt

Heute ist alles verkehrt.
Die Verbrecher verfolgen die Polizei.
Die Vorschulkinder sind alle verrückt.
Eine Ameise verspeist einen verliebten Schuh.
Die Kinder freuen sich auf vorgestern.
Die Babys müssen den Eltern alles vorschreiben.
Regen ist entweder lila oder grün.
In der Schule entdecken die Schüler lange Wasserrutschen.
Ein Zebra rutscht den Kindern entgegen.

(55 Wörter)

1 **Lies den Text laut.**

2 **Stolperwörter: Bei manchen Wörtern reicht das Hören nicht. Markiere die schwierigen Stellen.**

Schuh ■ Baby ■ Wasserrutsche

TIPP 1 Wenn ein Wort mit der Vorsilbe **vor-** oder **ver-** anfängt, musst du immer das **Vogel-V** nehmen.

3 **Schreibe die Wörter mit ver- und vor- auf.**

Ver- oder ver-: verkehrt, ...

....

Vor- oder vor-: ....

....

TIPP 2 Die Vorsilbe **ent-** schreibst du fast immer mit **t**.
Beispiel: entweder. Ausnahmen sind Wörter, die etwas mit En**d**e zu tun haben: en**d**los, en**d**lich.

4 Suche die drei Wörter mit ent-.

....

....

5 Verbinde.

ent-	kehrt
vor-	gegen
ver-	gestern
ent-	weder
Vor-	liebt
ver-	schule

6 Schreibe das Diktat in dein Heft.

7 Kontrolliere: Hast du alle Wörter richtig geschrieben?

Schreibe falsche Wörter noch einmal richtig unter den Text im Heft.

Toll gemacht! Belohne dich mit deinem Erfolgssticker!

Hier kannst du deinen Erfolgssticker einkleben.

Adjektiv-Endungen

DIKTAT

Zauberhafte Gruselstunde

In Oskars wunderbarer neuer Schule ist es heute unheimlich: Die kopflosen Gespenster besuchen die Burg. Lautlos und fast unsichtbar schleichen sie langsam herum und hinterlassen eklige, schleimige Spuren.
Oskar findet das zwar seltsam, aber auch lustig. Doch manche Kinder sind furchtbar ängstlich.
Wie tragisch, keinen Kopf mehr zu haben, wirklich grauenhaft!

(53 Wörter)

1 Lies den Text laut.

2 Stolperwörter: Markiere die schwierigen Stellen.

kopflosen ▪ Burg ▪ furchtbar ▪ ängstlich

TIPP 1 Die Endungen **-ig, -lich, -isch, -bar, -haft, -los, -sam** kannst du an ein Wort (einen Wortstamm) anhängen und ein Adjektiv daraus machen: Wunder → wunder**bar**, Kopf → kopf**los**, Ekel → ek(e)**lig**.

TIPP 2 Adjektive müssen oft noch mit **-e, -es, -er, -en** oder **-em** angepasst werden: wunderbar**e**, eklig**e**, eklig**es**, wunderbar**er**.

3 Vertauscht! Schreibe die richtigen Adjektive darunter.

~~Unheimliche~~ Gruselstunde

Zauberhafte

In Oskars grauenhafter neuer Schule ist es heute lautlos: Die

....

ängstlichen Gespenster besuchen die Burg. Seltsam und fast

....

wunderbar schleichen sie tragisch herum und hinterlassen kopflose,

....

lustige Spuren. Oskar findet das zwar schleimig, aber auch eklig.

....

Doch manche Kinder sind wirklich unsichtbar. Wie zauberhaft,

....

keinen Kopf mehr zu haben, furchtbar langsam!

....

4 **Verbinde.**

Angst	+ lich	heimlich	selt(en)	+ sam	langsam
(ge)heim	+ lich	wirklich	Läng(e)	+ sam	seltsam
Wirk(en)	+ lich	ängstlich	Kopf	+ los	lautlos
Zauber	+ haft	grauenhaft	Laut	+ los	kopflos
Grauen	+ haft	zauberhaft	Trag(ik)	+ isch	tragisch
Schleim	+ ig	lustig	Furcht	+ bar	wunderbar
Ek(e)l	+ ig	eklig	Sicht	+ bar	furchtbar
Lust	+ ig	schleimig	Wunder	+ bar	sichtbar

TIPP 3 Mit der Vorsilbe **un-** wird das Gegenteil daraus:
Sicht → sichtbar → **un**sichtbar.

5 **Schreibe das Diktat in dein Heft.**

6 **Kontrolliere: Hast du alle Wörter richtig geschrieben?**
Schreibe falsche Wörter noch einmal richtig unter den Text im Heft.

Prima! Du hast geisterstark gearbeitet. Klebe den Roboter-Sticker auf.

Hier kannst du deinen Erfolgssticker einkleben.

Ränder der Wortbausteine

DIKTAT

Allein

Ole und Oskar sind zweieiige Zwillinge. Doch nun ist Ole allein. Allein im Unterricht, in der Betreuung und zu Hause. Er ist enttäuscht, weil sein Bruder weggegangen ist, verreist in ein Zaubereiinternat.
Ole passieren nie merkwürdige Sachen, die auffallen und alle beeindrucken. In der Tischschublade liegt ein Teeei, das irgendetwas beinhaltet. Vermutlich Brennnesseln, seine Mutter mag so was. Doch es ist ein winziges Pappplakat. „Wir haben dich lieb, Ole!“ steht darauf.

(72 Wörter)

1 Lies den Text laut.

2 Stolperwörter: Markiere die schwierigen Stellen.

liegt ■ vermutlich ■ mag ■ lieb ■ steht

TIPP 1

Dort, wo **Wortbausteine** (Vor- oder Endsilben, Verb-Endungen und Wortstämme oder Wörter) aufeinandertreffen, musst du aufpassen.
Es kommt zu **Verdopplungen** (auffallen), **Verdreifachungen** (Brennnesseln, Teeei) oder anderen **Kombinationen**, die es sonst nicht gibt: **doppeltes i, u** oder **ei** (Betreuung, zweieiig),
doppeltes sch (Tischschublade),
scht und **schp** (enttäuscht, Tischplatte),
ht (steht) und **kw** (merkwürdig).

TIPP 2

Achtung! Vergisst du einen Buchstaben, kann sich der Sinn des Wortes ändern: ver/reist – ver/eist oder Bett/truhe – Bett/ruhe.

3 Was ist richtig – *verreist* oder *vereist*? Setze ein.

Oskar ist in ein Internat verreist.

In den letzten Sommerferien bin ich ………………… .

Die Fensterscheiben des Autos sind ………………… .

Die Tiefkühltruhe ist total ………………… .

Oma ist mit dem Schiff ………………… .

4 Hier wurden Wortbausteine vertauscht. Schreibe die Wörter richtig auf.

Betreuricht • Unter**ung** Betreuung, Unterricht

Zaubere**ei** • **Tee**internat …………………

Papp**nesseln** • **Brenn**plakat …………………

entreist • ver**täuscht** …………………

aufeindrucken • be**fallen** …………………

weg**inhaltet** • **be**gegangen …………………

zweiwürdige • merk**eiige** …………………

5 Schreibe das Diktat in dein Heft.

6 Kontrolliere: Hast du alle Wörter richtig geschrieben?
Schreibe falsche Wörter noch einmal richtig unter den Text im Heft.

Klasse! Jetzt darfst du dir einen Sticker aufkleben.

Hier kannst du deinen Erfolgssticker einkleben.

Wortfamilien

DIKTAT

Ein schlimmes Erlebnis

Gestern entdeckte Laura im Wald zufällig einige Holzfäller, die einen Baum mit Borkenkäferbefall fällen wollten. Lebhaft diskutierten sie, wie er fallen sollte, um niemanden lebensgefährlich zu verletzen. Doch da kippte der Baum schon von selbst. Alle suchten Deckung, so schnell es ging.
Laura bedeckte vor Schreck ihre Augen mit den Händen. Zum Glück traf der Baum nur eine verfallene Hütte und alle überlebten.

(66 Wörter)

1 Lies den Text laut.

2 Stolperwörter: Markiere die schwierigen Stellen.

Borkenkäfer ■ gefährlich ■ kippte ■ selbst ■ Schreck ■ Glück

TIPP 1 **Wortfamilien** haben einen **Wortstamm**, der gleichbleibt. Das hilft dir bei der Rechtschreibung vieler verwandter Wörter, zum Beispiel **Leb**en – Er**leb**nis (Wortstamm **-leb-**).

TIPP 2 Vor und hinter dem Wortstamm stehen die anderen Wortbausteine: vor/**-leb-**/en, Er/**-leb-**/nis, **leb-**/t, ge/**-fähr-**/lich. Manchmal werden auch mehrere Wörter kombiniert: **leb**ens + ge**fähr**lich = lebensgefährlich.

TIPP 3 Es gibt auch Wörter, bei denen sich der Wortstamm verändert. Das hörst du dann aber deutlich: **gehen** – **ging**.

3 **Suche die 6 Wörter der Wortfamilie *fallen* (Wortstamm *-fall-*).**

zufällig, ...

....

....

Immer ein **doppeltes ll** und immer **a** oder **ä**!

4 **Suche die 4 Wörter der Wortfamilie *leben* (Wortstamm *-leb-*).**

Immer ein **b** und kein p. Und immer ein **langes e**, kein eh oder ee!

....

....

....

....

5 **Suche die 3 Wörter der Wortfamilie *decken* (Wortstamm *-deck-*).**

....

....

....

Immer **ck** und immer **kurzes e**, kein ä!

6 **Schreibe das Diktat in dein Heft.**

7 **Kontrolliere: Hast du alle Wörter richtig geschrieben?**
Schreibe falsche Wörter noch einmal richtig unter den Text im Heft.

Prima!
Du hast toll gearbeitet.
Klebe den Sticker auf.

Hier kannst du deinen Erfolgssticker einkleben.

Merkwörter

Wörter mit v, x oder y

DIKTAT

Musik

Für den Musikunterricht hat Frau Vogel vier große Xylofone* und eine Box mit vielen Rhythmus-Instrumenten mitgebracht. Laura hat ihre Violine dabei und Yussuf kann schon Klavier spielen, es ist sein Hobby. Annas Vater kommt vielleicht noch mit dem Saxofon* vorbei. Gemeinsam machen sie tolle Musik zu einem Text über einen Vulkan. Erst ganz leise, dann eine kraftvolle Explosion.

(59 Wörter)

*Saxo**ph**on und Xylo**ph**on sind auch richtige Schreibweisen.

1 **Lies den Text laut.**

2 **Stolperwörter: Markiere die schwierigen Stellen.**

Musikunterricht ■ Rhythmus ■ ihre ■ kraftvolle

TIPP 1

Das **V** hört sich entweder wie ein **F** (**V**ogel) oder wie ein **W** (**V**ulkan) an. Wörter mit **V/v** musst du dir merken.

3 **Buchstabensalat: Finde die richtigen Wörter (der Anfang ist unterstrichen).**

V wie F		V wie W	
ievr	vier	kaVuln	....
lleitchiev	....	Kalriev	....
oVleg	....	lineioV	....
beirvo	....		
vllokrftae	....		
ielven	....		
terVa	....		

TIPP 2 **X/x** klingt immer wie **ks**, **cks** und **chs**. Am Wortanfang gibt es nur X. Welche Wörter weiter hinten mit x geschrieben werden, musst du dir merken.

4 Welche X/x-Wörter sind es?

Kiste: ....

Glockenspiel aus Holz: ....

Geschriebenes: ....

Vulkanausbruch: ....

Blechblasinstrument: ....

TIPP 3 **Y/y** klingt am Wortanfang meist wie **J** (Yussuf, Yeti, Yacht), in der Mitte wie **ü** (Xylofon, Rhythmus, Pyramide) und am Wortende wie **i** (Hobby, Baby, Pony). Wörter mit **Y/y** musst du dir ebenfalls merken.

5 Schreibe die vier Wörter mit Y/y aus dem Text auf.

....

....

6 Schreibe das Diktat in dein Heft.

7 Kontrolliere: Hast du alle Wörter richtig geschrieben?

Schreibe falsche Wörter noch einmal richtig unter den Text im Heft.

Super! Das hast du richtig gut gemacht. Belohne dich mit dem Sticker.

Hier kannst du deinen Erfolgssticker einkleben.

Merkwörter

Langes i ohne ie

DIKTAT

Was passt nicht?

„Biber, Kaninchen, Igel, Pelikan, Giraffe?“, fragt Lisa die Klasse. „Pelikan ist ein Vogel“, antwortet Ole und nennt: „Apfelsine, Zitrone, Nektarine, Limette, Mandarine.“
„Nektarine ist keine Zitrusfrucht.“ Anna macht weiter: „Kiwi, Paprika, Clementine, Margarine, Salami.“
„Außer Salami ist alles vegan“, weiß Yussuf. „Tiger, Nilpferd, Krokodil, Tapir, gemeiner Vampir.“
„Vampire gibt es nicht!“, rufen Nick und Fritzi.
„Falsch“, antwortet Yussuf.
Weißt du die Antwort?

(65 Wörter)

1 **Lies den Text laut.**

2 **Stolperwörter: Markiere die schwierigen Stellen.**

Vogel ▪ nennt ▪ Clementine ▪ Margarine ▪ vegan ▪ weiß

TIPP 1

Normalerweise ist ein langes i immer ein ie. Es gibt nur wenige **Ausnahmen**. Deshalb musst du dir diese Ausnahmen merken.

TIPP 2

Das Wort Tier wird mit ie geschrieben, aber einige Tierwörter nicht.

3 **Schreibe alle zehn Tiere mit langem i aus dem Text auf.**

Biber, ……………………………………………………

……………………………………………………

TIPP 3 Wörter mit **-ine** am Ende werden ohne ie geschrieben.
Zusätzlich zu den Wörtern im Text gibt es noch: Maschine, Gardine, Turbine, Vitamine, Kantine, Marine. Aber Achtung: Schiene.

4 **Suche die fünf Wörter mit -ine aus dem Text.**

Apfelsine, ……………………………………………………

……………………………………………………

5 **Lies laut. Kreise dann ein, was man essen kann.**

Notiz • Kiwi • Bibel • Fibel • Vitamine • Kino • Dino • Paprika • Titel •
prima • Limette • Benzin • Musik • Zitrone •
Salami • Pirat • Polizei • Gardine

6 **Schreibe das Diktat in dein Heft.**

7 **Kontrolliere: Hast du alle Wörter richtig geschrieben?**
Schreibe falsche Wörter noch einmal richtig unter den Text im Heft.

Hier kannst du deinen Erfolgssticker einkleben.

Merkwörter

Englische Fremdwörter

DIKTAT

Happy Birthday

Heute ist Annas Geburtstag und sie hat viele tolle Sachen bekommen: ein Skateboard, ein riesiges Puzzle, ein cooles T-Shirt und dazu passende Jeans. Aber vor allem ein Smartphone. Mama und Papa fanden, dass sie noch zu jung für ein Handy ist, aber Oma hat es ihr einfach geschenkt. „Für Lernspiele“, sagt sie. Mama seufzt. „Wir haben doch schon eine Playstation und einen Computer.“

(65 Wörter)

1 Lies den Text laut.

2 Stolperwörter: Markiere die schwierigen Stellen.

Geburtstag ▪ viele ▪ geschenkt ▪ seufzt

TIPP 1 Englische Buchstaben werden anders ausgesprochen als deutsche. Doch sie zu kennen, reicht nicht. Bei einigen Buchstaben gibt es sehr viele Varianten, wie sie klingen können. Da ist es leichter, die Wörter als Ganzes zu lernen. Viele kennst du sicher schon.

TIPP 2 Nomen werden im der englischen Sprache kleingeschrieben. Als Fremdwörter im Deutschen werden sie dann aber doch wieder großgeschrieben, zum Beispiel Skateboard *(engl.: skateboard)*.

3 **Welche Wörter aus dem Text sind es? Schreibe sie dahinter.**
Kennst du die deutschen Begriffe? Achtung, es ist nicht immer die wörtliche Übersetzung!

happy ■ Birthday ■ Skateboard ■ Puzzle ■ cool ■ T-Shirt ■ Jeans ■ Smartphone ■ Handy ■ Playstation ■ Computer

Handtelefon	Handy	Nietenhose	....
Rechner	....	Rätselspiel	....
Rollbrett	....	Spiele-Station	....
kühl	....	schlaues Mobiltelefon	....
Geburtstag	....	T-förmiges Hemd	....
glücklich	....		

4 **Welche Buchstaben fehlen?**

Smart...... ......on...... H......ndy Pu...... ......l...... c...... l

Bir...... ......d......y h......pp...... Skateb...... ......rd T-S......irt

Comp......ter J...... ......ns Pl......yst...... ......ion

5 **Schreibe das Diktat in dein Heft.**

6 **Kontrolliere: Hast du alle Wörter richtig geschrieben?**
Schreibe falsche Wörter noch einmal richtig unter den Text im Heft.

Cool! Du hast super gearbeitet. Klebe den Sticker auf.

Hier kannst du deinen Erfolgssticker einkleben.

Diktate schreiben – so geht's

Du brauchst einen **Füller** oder einen anderen **Stift**, mit dem du gerne schreibst, und ein **DIN-A5-Heft** mit Lineatur 3, das du in den 10-Minuten-Trainer hineinlegen kannst. Hier hast du es immer griffbereit und kannst die Diktattexte aufschreiben.

Lies den Text zuerst laut.

Das hilft dir, ihn besser zu verstehen und ihn dir einzuprägen.

Stolperwörter

Bei jedem Text kommen Wörter vor, die schwierig sind, aber nicht zum Rechtschreibthema passen. Zum Beispiel sind es beim lautgetreuen Schreiben Wörter, die eben nicht lautgetreu sind. Schau dir diese Wörter gut an, markiere und merke dir die schwierigen Stellen. Wenn du ein bisschen mehr Zeit hast, kannst du sie auch schon einmal abschreiben und üben.

Übungen

Hier geht es darum, die Rechtschreibregeln (Tipps) zu verstehen und gleichzeitig die Diktatwörter schon einmal zu üben. Suche deshalb bei den Aufgaben die Wörter immer im Diktattext. Schaffst du die Übungen in 10 Minuten?

Schreibe das Diktat in dein Heft.

Du kannst ein Partnerdiktat, Schleichdiktat, oder Dosendiktat schreiben. Oder du schreibst den Text mit Abdeckblatt ab.

Partnerdiktat: Ideal ist es, wenn dir jemand den Text diktieren kann: Eltern, Geschwister, Freund oder Freundin. Du kannst ihn dir auch selbst diktieren, wenn du ihn vorher aufnimmst. Lies dabei langsam und deutlich!

Schleichdiktat: Lege den 10-Minuten-Trainer mit dem aufgeschlagenen Text in eine andere Ecke des Zimmers oder sogar in einen anderen Raum. Schleiche nun vorsichtig von deinem Schreibplatz dorthin. Merke dir so viel, wie du dir sicher und richtig merken kannst. Schreibe es an deinem Schreibplatz auswendig ohne Fehler auf. Weißt du ein Wort nicht mehr? Dann schleiche zurück und schau nach, um Fehler zu vermeiden. Je mehr du dir merken kannst, um so schneller geht es.

Dosendiktat (Wortdiktat): Schreibe die unterstrichenen Wörter aus dem Diktat und die Stolperwörter auf kleine Zettel – ein Wort, ein Zettel. Ziehe nun einen Zettel und lies ihn durch. Drehe ihn dann um und schreibe das Wort auswendig in dein Heft. Vergleiche.
War es richtig, kommt der Zettel in die Dose, war ein Fehler dabei, schreibe das Wort noch einmal auswendig und vergleiche wieder.
Nur richtig geschriebene Wörter dürfen in die Dose.
Du kannst auch den Text kopieren und in Sätze zerschneiden. Mit den Satzzetteln kannst du genauso ein Dosendiktat machen. Der Text steht dann durcheinander in deinem Heft.

Abschreiben mit Abdeckblatt: Lies dir einen Satz oder einen Teil des Satzes gut durch und merke dir alles. Decke jetzt diesen Teil mit einem Blatt ab und schreibe auf, was du dir gemerkt hast. Vergleiche nun, verbessere falls nötig und lies den nächsten Satz oder die nächsten Wörter. Mache genau so weiter.

Kontrolliere: Hast du alle Wörter richtig geschrieben? Schreibe falsche Wörter noch einmal richtig unter den Text im Heft.

Am Ende jeder Übungseinheit hast du dir deinen Roboter wirklich verdient! Klebe einen **Sticker** auf.

TIPP Wenn du nicht zufrieden bist und lieber weniger Fehler hättest, übe den Text noch einmal mit einer anderen Diktatform.

Hinweis: Bei den **Stolperwörtern** sind Stellen markiert, die schwierig sein können. Es ist aber auch richtig, wenn du andere Stellen schwierig findest und diese markiert hast.

Mit Silben lautgetreu schreiben

e in den Endsilben

Seite 6

2. Honig, bleibt, fliegt, will, ruhig

Seite 7

3. -er: Pe-ter, Schwes-ter, mun-ter, a-ber
   -el(n): Nu-deln, Hum-mel
   -en: ste-hen, To-ma-ten, Schin-ken, star-ren, ste-chen, Bie-nen, mö-gen
   -et: lan-det
   -e: sei-ne, Kü-che, bei-de, ei-ne, klei-ne, Wes-pe
4. Pe-ter Schwes-ter, Kü-che, ste-hen, Nu-deln, Schin-ken, star-ren, mun-ter, Hum-mel, Bie-ne

Wörter mit Qu/qu, St/st, Sp/sp

Seite 8

2. spielt, Oskar, Stab, Quittenmus, Kaulquappen, springen
3.

Stab	Zauberstab
staunt	springen
spielt	Speisezimmer
Stunde	sprudelt

Seite 9

4. Was tun Frösche? qua-ken, Kreuz und quer, Blödsinn: Quatsch, Rührgerät: Quirl, Wasserbehälter für Fische: A-qua-ri-um, Mus aus gelben Früchten: Quit-ten-mus, Kinder von Fröschen: Kaul-quap-pen

Kurzer und langer Selbstlaut

Seite 10

2. saß, trug, stand, verzauberten, ließ
3. Hüt-te / Hü-te, of-fen / O-fen, schaf-fen / Scha-fen, nas-se / Na-se, schal-len / Scha-len

Seite 11

4. hatte
5. einer, Hütte, einmal, Schäfer, Hüte, deshalb, Ofen, offen, Arbeit, Schafen, schaffen, eine, nasse, Nase, hatte, beste, Hilfe, Musik, Schalen, schallen

Kurzer Selbstlaut

Mitlautverdopplung

Seite 12

2. Zoo, ihrer, Ausflug, man, unbedingt, höchsten
3. rennen, schwimmen, fressen, Affen, klettern, Blätter, pfiffig, immer, schneller, alle, Klasse, können

Seite 13

4. a) ren-nen, kön-nen
   b) Af-fen, pfif-fig
   c) schnel-ler, al-le
   d) klet-tern, Blät-ter
   e) schwim-men, im-mer
   f) fres-sen, Klas-se
   g) Gi-raf-fe
   h) hin-fal-len
   i) will
   j) kann

Wörter mit ck und tz

Seite 14

2. erzählen, Schubkarre, Erdbeeren, vier, geklatscht
3. Fritzi, Witze, Schmutz, Spatzen, Spitze
   Nick, packt, bedecke, verrückt, Zucker, Kuckuck, Mücke

Seite 15

4. Wer erzählt Witze? Fritzi und Nick.
   Wie nennt Anton den Mist? Ein Haufen Schmutz.
   Was tut Anton auf die Erdebeeren? Zucker.
   Welche Vögel werden genannt? Kuckuck und Spatzen.
   Wer freut sich? Eine kleine Mücke.
   Wie heißt die Grundform dieser Verben?
   packt: packen fragt: fragen
   bedecke: bedecken geklatscht: klatschen

Verdopplung, tz und ck (einsilbig)

Seite 16

2. Froschkönig, Hund, davon, wahr, Wald, Weg, Rand
3.

Einzahl	Mehrzahl
das Schloss	die Schlösser
der Kuss	die Küsse
der Brunnen (keine Verlängerung)	die Brunnen

das Schloss – die Schlösser, der Kuss – die Küsse, der Brunnen – die Brunnen

Seite 17

4. Grundform: rennen, können, stecken, kommen, bellen, schallen, sitzen, sollen

Langer Selbstlaut

Wörter mit ß

Seite 18

2. lebte, bestimmt, klug, Rat
3. dumm – weise, schwarz – weiß, klein – groß, sauer – süß, kalt – heiß, laut – leise

Seite 19

4. In der Talstraße, am Fuße eines großen Berges, lebte einmal eine alte, weise Frau. Immer saß sie vor ihrer Hütte, egal ob es kalt oder heiß war. „Bestimmt heißt sie *die weiße Frau*, weil sie weiße Haare hat", meinte die süße kleine Marie. „Nicht *weiße* Frau, sondern *weise* Frau, weil sie klug ist und jeder, der einen Rat braucht, zu ihr gehen kann."

Wörter mit ie

Seite 20

2. riesig, übereinander, vierte
3. eine Silbe: (4): die, sie, schief, Ziel
   zwei Silben (8): Rie-sen, lie-fen, Wie-se, die-se, rie-sig, fie-len, vier-te, Rie-se, nie-mand
   vier Silben (1): Rie-sen-sa-lat
   fünf Silben (1): sie-ben-und-vier-zig

Seite 21

4. die – wie – sie – nie
   diese – Wiese – Riese – miese
   lief – rief – tief – Brief
   riesig – diesig
   fiel – Ziel
   hier – vier – Tier – Bier

Dehnungs-h und silbeninitiales h

Seite 22

2. will, setzt, nimmt, essen
3. seht: sehen
   früh: früher
   zieht: ziehen
   bemüht: bemühen
   steht: stehen
   geht: gehen
   Schuh: Schuhe

Seite 23

fahren, ihren, Mühle, Mehl, gemahlen, mehr, Stroh, Stuhl, ihn, wohl, Sahne, sehr, strahlt

Selbstlaut-Verdopplung

Seite 24

2. glitzern, weiß, Eisprinzessin
3. -aa- (2): Saal, Haare
   -ee- (4): Schnee, See, Schneekönigin, Tee
   -oo- (2): Moor, Boot

Seite 25

4. ~~Zoo~~ – Schnee, ~~Tee~~ – See, ~~Gelee~~ – Boot, ~~Meer~~ – Saal, ~~Erdbeere~~ – Eisprinzessin, ~~Aal~~ – Tee

Groß- und Kleinschreibung

Konkrete Nomen und Satzanfänge

Seite 26

2. Koffer, packe, Pullover, Jacke, dann, Stofftier
3. Menschen, Tiere, Pflanzen: Lisa, Hase, Rose, Peter, Bruder

Seite 27

3. Dinge, dieman sehen oder anfassen kann: Jacke, Stofftier, Koffer, Pullover, Augen, Wasserfarben
4. normal: **ich, Peter, dann, es, doch, rasch, Lisa, ihr**
5. **Kofferpacken**
   „Ich packe in meinen Koffer einen Pullover, eine kurze Hose und zwei Rosen", sagt Lisa. Peter macht weiter: „Dann packe ich einen Pullover, eine kurze Hose, zwei Rosen und einen grünen Hasen ein." „Es gibt keine grünen Hasen!" „Doch!" Rasch holt Peter sein Stofftier. Lisa macht große Augen. Ihr Bruder hat den Hasen mit Wasserfarben grün angemalt.

Abstrakte Nomen

Seite 28

2. nächste, erzählt, voller, will, entgegnet, Abend, vor, mehr
3. die Woche, der Abend, der Test, die Freude, die Noten, die Angst, die Mutter, die Zwei, die Klassenarbeit,

Seite 29

4. Deutsch, Mathematik, Sachunterricht, Religion, Musik, Kunst, Sport, Englisch, Ethik ... (Beispiele)
5. ZUKUNFT – MUTTER – ~~SCHLECHTER~~ – FREUDE – MUSIK
   MATHEMATIK – ~~ÜBEN~~ – LIEBE – ABEND – NOTEN
   ANGST – KLASSENARBEIT – WOCHE – LUFT – ~~SCHREIBEN~~
   ~~GUTE~~ – TEST – DEUTSCH – (eine) VIER – FERIEN

Nomen mit -heit, -keit, -ung, -nis und -schaft

Seite 30

2. Hymne, wusste, Fußball, singt, mag

Seite 31

3.

Adjektiv	Nomen mit **-keit** und **-heit**
ungerecht	die Ungerechtigkeit
krank	die Krankheit
einig	die Einigkeit
frei	die Freiheit
ewig	die Ewigkeit

Verb	Nomen mit **-ung** und **-nis**
prüfen	die Prüfung
benoten	die Benotung
(be)zeugen	das Zeugnis
ereignen	das Ereignis

Nomen	Nomen mit **-schaft**
Mann	die Mannschaft
Freund	die Freundschaft
Weltmeister	die Weltmeisterschaft

Ableiten und Verlängern

Wörter mit ä und äu

Seite 32

2. seltsamen, dass, Gestalt, davon
3. Traum getträumt, träumt — laufen läuft
   nach zunächst — Stall Ställe
   Bauer Bäuerin — Zahl erzählen
   anders verändern — Gans Gänsen
   Katze Kätzchen — Kalb Kälbern

Seite 33

Maus Mäuse — Gefahr gefährlich
Angst ängstlich — Mauer Gemäuer

4. Nomen: Mäuse, Käfer, Gänse, Kälber, Kätzchen, Bär Bäuerin, Ställe, Gemäuer
   Verben: träumt, erzählt, läuft, verändern
   Adjektive: ängstlich, gefährlich
   Ein anderes Wort: zunächst

Wörter mit Eu/eu

Seite 34

2. Spielzeug, viele, betrachtet, entscheidet

Seite 35

D	X	F	W	D	E	U	T	S	C	H	L	A	N	D	F
N	E	U	N	G	X	N	B	C	F	M	Ö	Z	Y	W	R
G	H	Q	L	K	P	G	W	P	V	Q	M	X	F	H	E
S	P	I	E	L	Z	E	U	G	L	A	D	E	N	E	U
K	Ü	G	Z	W	L	H	R	E	U	R	O	P	A	U	N
G	N	E	U	S	E	E	L	A	N	D	X	Z	H	L	D
L	M	E	B	T	Q	U	J	M	N	W	F	R	E	T	L
E	D	V	N	E	U	E	S	H	Q	L	Y	Z	U	K	I
U	B	F	E	U	E	R	W	E	H	R	A	U	T	O	C
T	G	Ö	Q	E	O	P	X	M	F	T	W	Ü	E	X	H
E	I	W	F	R	E	U	T	B	X	Q	E	U	R	O	E

waagerecht (9):
Deutschland, neun, Spielzeugladen, Europa, Neuseeland, neues, Feuerwehrauto, freut, Euro
senkrecht (6):
Leute, teuer, Ungeheuer, heute, heult, freundliche

Auslautverhärtung b, d, g

Seite 36

2. groß, stellt vor, dort, dorthin, verbringen
3. die Reise – die Reisen — der Himmel – die Himmel
   der Mond – die Monde — der Weg – die Wege
   der Abend – die Abende — der Berg – die Berge
   der Wald – die Wälder — der Tag – die Tage

Seite 37

4. stellt vor – vorstellen — fragt – fragen
   fliegt – fliegen — gibt – geben
   lebt – leben
5. groß – große — lang – lange
   kräftig – kräftige — gelb – gelbe
   rund – runde — am liebsten (lieb) – liebe

Wörter mit p, t, k

Seite 38

2. spitzen, soll, verliert, gerät, muss, mehr

Seite 39

3. Zaubertränke – der Zaubertrank Hüte – der Hut
   Werke – das Werk Typen – der Typ
   entkalken – der Kalk Tränke – der Trank
   raten – der Rat Sirupe – der Sirup
   tippen – der Tipp mutig – der Mut
   Paniken – die Panik
4. Die Welt ist für Oskar neu. → die neue Welt
   Der Hut ist spitz. → der spitze Hut
   Oskar findet den Hut stark. → der starke Hut
   Der Trank ist zu rot. → der rote Trank
   Am Ende ist das Werk perfekt. → das perfekte Werk

Wortbausteine

Zusammengesetzte Nomen

Seite 40

2. spielen, abwechselnd, igitt, denkt, wirklich
3. Kuchenrezept, Kuchenplatte, Kuchenstück, Kuchengabel, Kuchenbäcker oder Kuchenform
4. Viele Möglichkeiten, zum Beispiel:
   Kuchenrezept – Rezeptblock – Blockhaus – Haus…
   Kuchenplatte – Plattenspieler – Spieluhr – Uhr… usw.

Seite 41

5. Wörter, Spiel, Kette, Grund, Schule, Kind, Geburtstag, Feier, Abend, Sonne, Blume, Kohl, Meise, Ring, Finger, Hut, Geschäft, Haus, Tür, Schloss, Hof, Hund, Kuchen, Schokolade, Erdbeere

Vorsilben vor-, ver- und ent-

Seite 42

2. Schuh, Baby, Wasserrutsche
3. verkehrt, Verbrecher, verfolgen, verrückt, verspeist, verliebten
   Vorschulkinder, vorgestern, vorschreiben

Seite 43

4. entweder, entdecken, entgegen
5. entgegen, vorgestern, verkehrt, entweder, Vorschule, verliebt

Adjektiv-Endungen

Seite 44

2. kopflosen, Burg, furchtbar, ängstlich
3. ~~Unheimliche~~ Zauberhafte
   ~~grauenhafter~~ wunderbarer, ~~lautlos~~ unheimlich

Seite 45

~~ängstlichen~~ kopflosen, ~~Seltsam~~ Lautlos
~~wunderbar~~ unsichtbar, ~~tragisch~~ langsam, ~~kopflose~~ eklige
~~lustige~~ schleimige, ~~schleimig~~ seltsam, ~~eklig~~ lustig
~~wirklich~~ furchtbar, ~~unsichtbar~~ ängstlich, ~~zauberhaft~~ tragisch
~~furchtbar~~ wirklich, ~~langsam~~ grauenhaft

4. Angst + lich – ängstlich
   (ge)heim + lich – heimlich
   Wirk(en) + lich – wirklich
   Zauber + haft – zauberhaft
   Grauen + haft – grauenhaft
   Schleim + ig – schleimig
   Ek(e)l + ig – eklig
   Lust + ig – lustig

   Selt(en) + sam – seltsam
   Läng(e) + sam – langsam
   Kopf + los – kopflos
   Laut + los – lautlos
   Trag(ik) + isch – tragisch
   Furcht + bar – furchtbar
   Sicht + bar – sichtbar
   Wunder + bar – wunderbar

Ränder der Wortbausteine

Seite 46

2. liegt, vermutlich, mag, lieb, steht

Seite 47

3. Oskar ist in ein Internat verreist.
   In den letzten Sommerferien bin ich verreist.
   Die Fensterscheiben des Autos sind vereist.
   Die Tiefkühltruhe ist total vereist.
   Oma ist mit dem Schiff verreist.
4. Betreuung, Unterricht
   Zaubereiinternat, Teeei
   Pappplakat, Brennnesseln
   enttäuscht, verreist
   auffallen, beeindrucken
   weggegangen, beinhaltet
   zweieiige, merkwürdige

Wortfamilien

Seite 48

2. Borkenkäfer, gefährlich, kippte, selbst, Schreck, Glück

Seite 49

3. zufällig, Holzfäller, Borkenkäferbefall, fällen, fallen, verfallene
4. Erlebnis, lebhaft, lebensgefährlich, überlebten
5. entdeckte, Deckung, bedeckte

Merkwörter

Wörter mit v, x oder y

Seite 50

2. Musikunterricht, Rhythmus, ihre, kraftvolle
3.

V wie F	V wie W
vier	Vulkan
vielleicht	Klavier
Vogel	Violine
vorbei	
kraftvoll	
vielen	
Vater	

Seite 51

4. Kiste: Box
   Glockenspiel aus Holz: Xylofon
   Geschriebenes: Text
   Vulkanausbruch: Explosion
   Blechblasinstrument: Saxofon
5. Xylofone, Rhythmus-Instrumente, Yussuf, Hobby

Langes i ohne ie

Seite 52

Weißt du die Antwort?
Gemeiner Vampir ist eine Fledermaus und damit ein Säugetier wie Tiger, Nilpferd und Tapir. Nur das Krokodil ist ein Reptil und legt Eier. (Fledermäuse können aber als einziges Tier fliegen, deshalb gilt diese Antwort auch.)

2. Vogel, nennt, Clementine, Margarine, vegan, weiß

Seite 53

3. Biber, Kaninchen, Igel, Pelikan, Giraffe, Tiger, Nilpferd, Krokodil, Tapir, gemeiner Vampir
4. Apfelsine, Nektarine, Mandarine, Clementine, Margarine
5. Notiz, Kiwi, Bibel, Fibel, Vitamine, Kino, Dino, Paprika, Titel, prima, Limette, Benzin, Musik, Zitrone, Salami, Pirat, Polizei, Gardine

Englische Fremdwörter

Seite 54

2. Geburtstag, viele, geschenkt, seufzt

Seite 55

3.

Hand-telefon	Handy	Nietenhose	Jeans
Rechner	Computer	Rätselspiel	Puzzle
Rollbrett	Skateboard	Spiele-Station	Playstation
kühl	cool	schlaues Mobil-telefon	Smartphone
Geburtstag	Birthday	T-förmiges Hemd	T-Shirt
glücklich	happy		

4. Smartphone, Handy, Puzzle, cool
   Birthday, happy, Skateboard, T-Shirt
   Computer, Jeans, Playstation

Grundschulwissen GRIFFBEREIT

Mein Hausaufgabenhelfer für die Grundschule

- Grammatik, Rechtschreibung, Mathematik: alle wichtigen Themen in **einem** Band
- übersichtliche Darstellung: Regeln stehen links, Beispiele rechts
- praktisch in der Handhabung durch robuste Spiralbindung
- Mit Ratgeber für Eltern – so unterstütze ich mein Kind richtig!

Preis: 15,95 €

ISBN: 978-3-7426-0311-1

westermann

Immer auf den Punkt